GOTT HAT VERSPROCHEN

Seminar Schloss Bogenhofen
4963 St. Peter am Hart, Österreich

ELLEN G. WHITE

GOTT
hat
VERSPROCHEN

*Gott steht zu jeder Verheißung,
die er gegeben hat*

Originaltitel: *God has promised: God stands back of every promise He has made*
© 1982 Review and Herald Publishing Association

Übersetzung:	Winfried Vogel
Korrektorat:	Luise Schneeweiß und Philipp Reiner
Projektleitung:	Frank M. Hasel
Titelfoto:	©shutterstock.com/Nejron Photo
Satz & Gestaltung:	desimdesign, *www.desim.de*

Copyright © 2013 Top Life Wegweiser-Verlag GmbH, Wien
5. Auflage 2022

Verlagsarchiv-Nr: 171022
ISBN 978-3-900160-89-0

Die Übersetzung in dem Büchlein „Gott hat versprochen" ist bewusst neu am Original ausgerichtet worden. Deshalb verweisen die Quellenangaben auf die englischen Originale, weil sie mit vorhandenen deutschen Publikationen nicht immer übereinstimmen.

Zu beziehen bei:
Adventist Book Center	*www.adventistbookcenter.at*
Advent-Verlag Schweiz	*www.advent-verlag.ch*
Advent-Verlag Lüneburg	*www.adventist-media.de*
TOP LIFE Wegweiser-Verlag	*www.toplife-center.com*

Das Werk ist einschließlich aller seiner Teile urheberrechtlich geschützt. Jede Verwertung außerhalb der engen Grenzen des Urheberrechtsgesetzes ist ohne Zustimmung des Verlags unzulässig und strafbar. Das gilt insbesondere für Vervielfältigungen, Übersetzungen, Mikroverfilmungen und die Verarbeitung in elektronischen Systemen.

Alle Rechte vorbehalten.

*Denn auf alle Gottesverheißungen
ist in ihm das Ja
2 Kor. 1:20*

INHALTSVERZEICHNIS

Gott hat versprochen
KAPITEL 1 / S. 8

Brauchst du Kraft?
KAPITEL 2 / S. 16

Sind deine Lasten zu schwer?
KAPITEL 3 / S. 20

Bist du traurig?
KAPITEL 4 / S. 24

Bist du entmutigt?
KAPITEL 5 / S. 30

Sind deine Prüfungen mehr als du ertragen kannst?
KAPITEL 6 / S. 36

Bist du einsam?
KAPITEL 7 / S. 42

Wenn du versucht wirst
KAPITEL 8 / S. 48

INHALTSVERZEICHNIS

Wenn du gesündigt hast
KAPITEL 9 / S. 54

Fühlst du dich ausgestoßen?
KAPITEL 10 / S. 60

Wenn Krankheit kommt
KAPITEL 11 / S. 64

Wenn der Tod kommt
KAPITEL 12 / S. 68

Brauchst du Führung?
KAPITEL 13 / S. 74

Bist du falsch beschuldigt worden?
KAPITEL 14 / S. 80

Wenn ein Freund dich im Stich lässt
KAPITEL 15 / S. 86

Hast du deinen Glauben verloren?
KAPITEL 16 / S. 90

KAPITEL 1

GOTT HAT VERSPROCHEN

*Gott steht zu jeder Verheißung,
die er gegeben hat*

GOTT HAT VERSPROCHEN

„

Wir dürfen um jede Gabe bitten, die er versprochen hat. Dann sollen wir auch glauben, dass wir sie empfangen werden, und Gott danken, dass wir sie empfangen haben.

—— *Education 258*

Gott steht zu jeder Verheißung, die er gegeben hat.

—— *Christ's Object Lessons 147*

Kannst du deinem Vater im Himmel nicht vertrauen? Kannst du dich nicht auf sein gütiges Versprechen verlassen? . . . Können wir nicht unbedingtes Vertrauen und die Gewissheit haben, dass der, der versprochen hat, auch treu ist? Ich bitte euch inständig, euren schwankenden Glauben erneut die Verheißungen Gottes ergreifen zu lassen. Stützt euch mit eurer ganzen Kraft und mit unerschütterlichem Glauben darauf: Sie werden, ja, sie können euch nicht enttäuschen.

—— *Testimonies Bd. 2 497*

GOTT HAT VERSPROCHEN

Gebt diesen segensreichen Verheißungen im Glauben einen besonderen Platz in den Räumen eures Gedächtnisses. Nicht eine davon wird nicht erfüllt werden. Alles, was Gott versprochen hat, wird er auch tun. „Er ist getreu, der verheißen hat."

— *Testimonies Bd. 5 630*

Jetzt ist die Zeit, Gott kennenzulernen, indem wir seine Verheißungen erproben. Engel berichten jedes Gebet, das ernst und aufrichtig ist… Wir sollten eher unsere selbstsüchtigen Befriedigungen aufgeben als die Gemeinschaft mit Gott vernachlässigen.

— *The Great Controversy 622*

Denk an Jesus. Wende dich ihm vertrauensvoll zu und glaube seinen Verheißungen. Ihm darfst du in allem vertrauen, er wird für dich sorgen. Stütze dich auf ihn, verlass dich auf ihn… Vertraue dem, dessen Arm nie schwach wird… Wenn du auf Jesus schaust, wirst du ermutigt werden.

— *Selected Messages Bd. 2 265*

GOTT HAT VERSPROCHEN

Der Tröster, den Christus versprach uns in seinem Namen zu senden, ist bei uns. Auf dem Weg, der zur Stadt Gottes führt, gibt es keine Schwierigkeiten, die alle diejenigen, die ihm vertrauen, nicht überwinden könnten. Es gibt keine Gefahren, denen sie nicht entrinnen könnten, keinen Kummer, keine Traurigkeit und keine menschliche Schwäche, für die Gott nicht Abhilfe hätte.

—— *The Ministry of Healing 249*

Unser Vater im Himmel hat tausend Möglichkeiten für uns zu sorgen, von denen wir nichts ahnen.

—— *The Desire of Ages 330*

Derjenige, der damit zufrieden ist, wenn er unverdient beschenkt wird, der weiß auch, dass er solche Liebe nie vergelten kann. Wer allen Zweifel und Unglauben beiseite tut und sich wie ein kleines Kind zu den Füßen Jesu setzt, für den sind alle Schätze der ewigen Liebe ein freies, beständiges Geschenk.

—— *Ellen G. White Letter 19E 1892*

Wenn du dich Christus übergeben hast, gehörst du zur Familie Gottes, und alles im Haus des Vaters gehört auch dir. Alle Schatzkammern Gottes werden dir offen stehen, sowohl in dieser als auch in der zukünftigen Welt. Der Dienst der Engel, die Gabe seines Geistes, die Bemühungen seiner Diener - alles steht dir zur Verfügung. Die Welt mit allem, was darin ist, gehört dir, sofern es dir zum Guten dient. Selbst die Feindschaft der Gottlosen wird dir zum Segen sein, denn sie erzieht dich für den Himmel. Wenn „ihr Christus gehört, gehören alle Dinge euch."

—— *Thoughts from the Mount of Blessing 110*

Der Heiland hat seinen Nachfolgern nicht den Luxus dieser Welt versprochen. Ihr Leben mag sehr einfach, vielleicht sogar dürftig sein, und es mag scheinen, dass ihre Armut nie aufhören wird. Doch er hat sein Wort gegeben, dass für alle ihre Bedürfnisse gesorgt ist, und er hat etwas versprochen, das weit besser ist als materielle Güter - den bleibenden Trost seiner Gegenwart.

—— *The Desire of Ages 367*

GOTT HAT VERSPROCHEN

Durch das Geschenk Christi erhalten wir allen Segen. Durch diese Gabe fließt uns Tag für Tag unaufhörlich die Güte Gottes zu. Jede Blume mit ihren feinen Farben und ihrem süßem Duft ist durch diese eine Gabe zu unserer Freude gegeben. Sonne und Mond sind von ihm geschaffen, es gibt keinen Stern, der den Himmel schmückt, der von ihm nicht gemacht wurde. Nicht ein Stück Nahrung ist auf unserem Tisch, für das er nicht zu unserem Lebenserhalt gesorgt hat. Die Handschrift Jesu ist auf allem zu erkennen.

—— *Testimonies Bd. 8 287-288*

Es mag vorkommen, dass Eltern sich von ihrem hungrigen Kind abwenden, doch Gott kann niemals den Schrei eines bedürftigen und sehnsüchtigen Herzens überhören.

—— *Thoughts from the Mount of Blessing 132*

Alle seine Gaben verspricht uns Gott unter der Bedingung, dass wir ihm gehorchen.

—— *Christ's Object Lessons 145*

Christus will nicht nur am Anfang und am Ende unseres Lebensweges bei uns sein, sondern bei jedem Schritt, den wir gehen.

—— *Steps to Christ 69*

Alles ist dem möglich, der da glaubt; und was wir auch immer uns wünschen im Gebet, wenn wir glauben, dass wir es empfangen, werden wir es auch bekommen. Solch ein Glaube wird die dunkelste Wolke durchdringen und der bedrückten, hoffnungslosen Seele Strahlen des Lichts und der Hoffnung bringen. Es ist der Mangel an solchem Glauben und Vertrauen, der Verwirrung, belastende Ängste und böse Vorahnungen bringt. Gott wird Großes für sein Volk tun, wenn es sein ganzes Vertrauen in ihn setzt.

—— *Testimonies Bd. 2 140*

Der Feind kann niemals denjenigen aus der Hand Jesu reißen, der einfach den Verheißungen Gottes vertraut.

—— *The SDA Bible Commentary Bd. 7 959*

KAPITEL 2

BRAUCHST DU KRAFT?

Gott steht zu jeder Verheißung, die er gegeben hat

>

Hindernisse machen stark. Schwierigkeiten, Konflikte und Ablehnung verhelfen zu moralischer Größe. Diejenigen, die Herausforderungen ausweichen und keine Verantwortung übernehmen wollen, werden dadurch zu Schwächlingen und Zwergen, obwohl sie eigentlich verantwortliche Menschen mit moralischer Kraft und starken geistlichen Muskeln sein sollten.

—— *Testimonies Bd. 3 495*

Du kannst es nicht aus eigener Kraft tun, aber in der Kraft Jesu kannst du alles.

—— *Testimonies Bd. 4 259*

Christus hält Kraft und Gnade bereit, und dienende Engel vermitteln sie dem Gläubigen.

—— *Steps to Christ 53*

Fühlst du deine Hilflosigkeit und wünschst dir die Kraft Gottes, wenn du morgens aufstehst? Bringst du dann auch all deine Wünsche demütig und aufrichtig vor deinen himmlischen Vater? Wenn ja, dann notieren Engel deine Gebete. Wenn diese Gebete wirklich echt und aufrichtig sind, du aber in Gefahr stehst, unbewusst etwas Falsches zu tun und andere durch deinen Einfluss zu falschem Handeln zu verleiten, - dann wird dein dich begleitender Engel an deiner Seite sein, dich auf einen besseren Weg führen, deine Worte für dich wählen und dein Handeln beeinflussen.

—— *Testimonies Bd. 3 363-364*

Wenn uns Schwierigkeiten begegnen und wir sie in der Kraft Jesu überwinden; wenn wir auf Feinde treffen und sie in der Kraft Jesu in die Flucht schlagen; wenn wir Verantwortung übernehmen und ihr in der Kraft Jesu treu gerecht werden, dann machen wir eine kostbare Erfahrung. Dann werden wir wie nie zuvor erleben, dass unser Erlöser ein zuverlässiger Helfer in jeder Not ist.

—— *Testimonies Bd. 5 34*

Worte können den Frieden und die Freude nicht beschreiben, die der erlebt, der Gott beim Wort nimmt. Anfechtungen können ihm nichts anhaben, üble Nachrede regt ihn nicht auf. Das eigene Ich ist gekreuzigt. Auch wenn mit jedem Tag die Pflichten und Aufgaben anstrengender, die Versuchungen stärker und die Prüfungen ernster werden, so wird ein solcher Mensch nicht aufgeben, denn die Kraft, die er erhält, ist genau so groß, wie er sie braucht.

—— *Messages to Young People 98*

Die Verheißungen Gottes sind so reich und unerschöpflich, dass niemand sich auf Menschen verlassen muss, um Kraft zu bekommen. Gott ist all denen nahe und steht ihnen bei, die ihn anrufen.

—— *Testimonies to Ministers 281*

Gott erwartet nicht, dass wir unsere Aufgaben in eigener Kraft bewältigen. Er hat für alle Schwierigkeiten göttlichen Beistand vorgesehen, für die unsere menschlichen Möglichkeiten nicht ausreichen.

—— *Testimonies Bd. 8 19*

KAPITEL 3

SIND DEINE LASTEN ZU SCHWER?

Gott steht zu jeder Verheißung, die er gegeben hat

>

Bring deine Anliegen, deine Freuden, deine Nöte, Sorgen und Ängste immer wieder vor Gott. Ihn kannst du nicht belasten oder ermüden. Dem, der die Haare auf deinem Kopf zählt, sind die Anliegen seiner Kinder nicht gleichgültig. "Der Herr ist barmherzig, geduldig und von großer Güte." Sein liebevolles Herz wird von unseren Nöten, ja, sogar von unserem bloßen Reden davon berührt. Sag' ihm alles, was dich bewegt und bedrückt. Für ihn ist nichts zu schwer, denn er hält Welten in seiner Hand und regiert das gesamte Universum. Nichts, was in irgendeiner Weise unser Wohlergehen betrifft, ist so klein, dass er es nicht wahrnehmen würde. Kein Kapitel unseres Lebens ist so dunkel und verborgen, dass er es nicht lesen könnte, keine Not so schwer, dass er sie nicht bewältigen könnte.... Kein aufrichtiges Gebet wird gesprochen, das unser himmlischer Vater nicht bemerkt oder dem er nicht augenblicklich seine Aufmerksamkeit widmet.

—— *Steps to Christ 100*

GOTT HAT VERSPROCHEN

Was auch immer deine Sorgen und Nöte sein mögen, lege sie dem Herrn vor. Er wird dir Kraft zum Durchhalten geben und Türen auftun... Je mehr du erkennst, wie schwach und hilflos du bist, umso stärker wirst du mit seiner Kraft werden. Je schwerer deine Lasten, umso gesegneter wird die Erholung sein, wenn du sie auf den geworfen hast, der sie für dich tragen will.

—— *The Desire of Ages 329*

Gewiss werden Enttäuschungen kommen, und wir müssen mit Anfechtungen rechnen, aber wir dürfen alle Dinge, seien sie groß oder klein, Gott übergeben. Die Vielfalt unserer Nöte kann ihn nicht überraschen, noch kann die Schwere unserer Lasten ihn überwältigen. Er bewahrt jedes Haus und umgibt den einzelnen mit seiner Fürsorge. Er nimmt Anteil an unseren Sorgen und an allem, was wir tun. Er zählt jede Träne, und es rührt ihn, wenn wir uns schwach fühlen. Alle Not und Anfechtung lässt er zu, damit sein Plan der Liebe für uns verwirklicht werden kann.

—— *Testimonies Bd. 5 742*

In allen Anfechtungen haben wir einen Helfer, der nie versagt. Er lässt uns in unserem Kampf mit der Versuchung und dem Bösen nicht allein, so dass wir unter der Last und Not nicht zusammenbrechen müssen.

—— *The Desire of Ages 483*

Wir müssen Jesus täglich, stündlich vertrauen. Er hat versprochen, dass so wie unser Tag ist auch unsere Kraft sein wird. Durch seine Gnade können wir alle gegenwärtigen Lasten tragen und unseren Aufgaben nachkommen. Viele jedoch lassen sich durch die Erwartung zukünftiger Schwierigkeiten niederdrücken. Ständig versuchen sie, die Lasten von morgen schon heute zu tragen. Dadurch ist ein großer Teil ihrer Not nur eingebildet. Dafür hat Jesus keine Vorsorge getroffen. Er verspricht Hilfe nur für den heutigen Tag.

—— *Testimonies Bd. 5 200*

KAPITEL 4

BIST DU TRAURIG?

*Gott steht zu jeder Verheißung,
die er gegeben hat*

BIST DU TRAURIG?

> "

Lass dich nicht durch die Nöte und Sorgen des Alltags traurig stimmen oder depressiv machen. Es wird immer etwas geben, was uns aufregt und ärgert. Doch unser Leben ist das, was wir daraus machen, und wir werden das finden, was wir gesucht haben. Wenn wir Traurigkeit und Probleme suchen, ... werden wir genug davon finden, um unsere Gedanken und unsere Gespräche damit zu füllen. Wenn wir jedoch die Dinge von ihrer positiven Seite sehen, werden wir genug Grund finden, um fröhlich und glücklich zu sein.

— *Adventist Home 430*

Alle, die Christus beim Wort nehmen und ihm ihre Herzen übergeben, dass er sie bewahre, und ihr Leben, dass er es ordne, werden Ruhe und Frieden finden. Nichts auf der Welt kann sie traurig stimmen, wenn Jesus sie durch seine Gegenwart glücklich macht.

— *Desire of Ages 331*

GOTT HAT VERSPROCHEN

Gott will nicht, dass uns die Sorgen erdrücken und unsere Herzen vom Kummer zerbrochen werden. Unser Heiland steht uns immer zur Seite, nur sehen wir ihn oft nicht, weil unsere Augen voller Tränen sind. Er lässt unsere Hand nicht los, wenn wir uns nur nah genug zu ihm halten und seiner Führung vertrauen. Indem er uns Trost und Frieden schenkt, will der Herr uns immer näher an sein liebevolles Herz ziehen.

—— *Selected Messages Bd. 2 257-258*

Wenn man sich nach einer gut bewältigten Aufgabe froh und gelöst fühlt und Befriedigung darüber empfindet, andere glücklich zu machen, gibt diese belebende Freude der ganzen Person neues Leben.

—— *Ministry of Healing 257*

Es gehört zu den Pflichten der Kinder Gottes, fröhlich zu sein und eine fröhliche Grundeinstellung zu fördern. Gott kann nicht verherrlicht werden, wenn seine Kinder ständig wie unter einer dunklen Wolke sind und überall Schatten verbreiten.

—— *Review and Herald, April 28 1859*

BIST DU TRAURIG?

Viele sind traurig und entmutigt, schwach im Glauben und Vertrauen. Sie sollten solchen helfen, die noch bedüftiger als sie selbst sind, und sie werden in der Kraft Gottes stark werden.

— *Christian Service 151*

Wenn der Geist Gottes vom Herzen Besitz ergreift, verändert er das ganze Leben. Sündige Gedanken werden verbannt, böse Taten verabscheut; Liebe, Demut und Friede nehmen den Platz von Zorn, Neid und Kritiksucht ein. Die Traurigkeit weicht der Freude und das Licht des Himmels spiegelt sich im Gesicht wider. Keiner sieht die Hand, die die Last aufhebt, oder bemerkt das Licht, das aus den himmlischen Vorhöfen herab leuchtet. Der Segen stellt sich ein, wenn ein Mensch sich im Glauben Gott übergibt.

— *Desire of Ages 173*

Der ganze Himmel wünscht das Glück der Menschen. Unser Vater im Himmel versperrt keinem seiner Geschöpfe den Zugang zur Freude.

— *Steps to Christ 46*

Wir dürfen nicht meinen, dass Gott von uns verlangt alles aufzugeben, was zu unserer Freude und unserem Glücklichsein dient. Er will nur, dass wir das aufgeben, was nicht zu unserem Besten und zu unserem Wohl ist.

—— *Testimonies Bd. 2 538*

KAPITEL 5

BIST DU ENTMUTIGT?

*Gott steht zu jeder Verheißung,
die er gegeben hat*

BIST DU ENTMUTIGT?

„

Satan entmutigt; Christus dagegen schenkt Glaube und Hoffnung.

—— *Desire of Ages 249*

Ich habe die zärtliche Liebe gesehen, die Gott für sein Volk empfindet, und sie ist sehr groß. Ich sah, wie Engel ihre Flügel über den Gläubigen ausbreiteten. Jeder Gläubige hatte einen begleitenden Engel. Wenn dann die Gläubigen in ihrer Entmutigung weinten oder in Gefahr waren, flogen die Engel, die ständig um sie waren, schnell mit dieser Nachricht hinauf zum Himmel, und die Engel in der Stadt hörten auf zu singen... Alle Engel in der Stadt weinten dann... Doch wenn die Gläubigen ihre Augen fest auf den Siegespreis vor ihnen richteten und Gott durch ihr Lob verherrlichten, dann brachten die Engel die frohe Nachricht in die Stadt, und die Engel in der Stadt ließen ihre goldenen Harfen erklingen und sangen mit lauter Stimme... und der Himmel hallte wider von ihren lieblichen Liedern.

—— *My Life Today 302*

GOTT HAT VERSPROCHEN

Wenn wir im Glauben seine Kraft in Anspruch nehmen, wird er auch die hoffnungsloseste und entmutigendste Lage auf wunderbare Weise verändern.

— *Testimonies Bd. 8 12*

Entehre Gott nicht durch unzufriedene Äußerungen, sondern lobe ihn mit Herz und Mund... Dann wirst du erleben, wie sich alles zum Guten wendet.

— *Selected Messages Bd. 2 267*

Das Leben als Christ beinhaltet mehr als viele meinen. Es besteht nicht nur aus Milde, Geduld, Sanftmut und Freundlichkeit. Diese Gaben sind unerlässlich, aber man braucht auch Mut, Kraft, Energie und Ausdauer. Der Weg, den Christus abgesteckt hat, ist ein schmaler Pfad der Selbstverleugnung. Sich auf diesen Weg zu begeben und ihn trotz Schwierigkeiten und Entmutigungen weiterzugehen, erfordert Menschen, die mehr sind als nur charakterschwache Mitläufer.

— *Ministry of Healing 497*

BIST DU ENTMUTIGT?

Wir sind zu schnell entmutigt und flehen unter Tränen, dass die Prüfung zu Ende gehen soll, statt um Geduld zum Durchhalten und um Gnade zum Überwinden zu bitten.

—— *Testimonies Bd. 1 310*

Manche sehen immer die negativen und entmutigenden Seiten und werden deshalb von Mutlosigkeit überwältigt. Sie vergessen dabei, dass der Himmel nur darauf wartet, sie zum Segen für diese Welt zu machen, und dass der Herr Jesus ein Vorratshaus ist, das sich nie erschöpft und aus dem Menschen Kraft und Mut erhalten können. Es gibt keinen Grund für Verzweiflung und Bitterkeit. Es wird nie die Zeit kommen, wenn der Schatten Satans nicht quer über unseren Weg fällt... Doch unser Glaube sollte diesen Schatten durchdringen. Gott ruft nach fröhlichen Mitarbeitern, die sich weigern, durch Widersacher entmutigt zu werden. Der Herr führt uns, und wir dürfen mutig vorangehen in der Gewissheit, dass er wie schon in den vergangenen Jahren auch jetzt bei uns sein wird.

—— *Gospel Workers 265-266*

Denke nicht an deine Entmutigungen, sondern an die Kraft, die du im Namen Jesu in Anspruch nehmen kannst... Richte deine Gedanken auf die Beweise der großen Liebe Gottes für dich. Glaube kann Prüfungen ertragen, Versuchungen widerstehen und trotz Enttäuschung durchhalten. Jesus lebt und ist unser Anwalt. Alles, was uns sein Mittlerdienst sichert, gehört uns... Alle Erfahrungen und Umstände sind Gottes Helfer, durch die uns Gutes getan wird.

—— *Ministry of Healing 488-489*

Satan ist darauf aus, die segensreichen Zusicherungen Gottes zunichte zu machen. Er möchte der Seele jeden Hoffnungsschimmer und jeden Lichtstrahl nehmen, aber das darfst du ihm nicht erlauben. Übe dich im Glauben; kämpfe den guten Kampf des Glaubens; kämpfe gegen diese Zweifel an und mache dich mit den Verheißungen vertraut.

—— *Testimonies Bd. 5 629*

KAPITEL 6

SIND DEINE PRÜFUNGEN MEHR ALS DU ERTRAGEN KANNST?

Gott steht zu jeder Verheißung, die er gegeben hat

>

Bitte den Herrn um Weisheit in jeder Notlage. Bitte Jesus in jeder Prüfung inständig darum, dir einen Ausweg aus deinen Schwierigkeiten zu zeigen, und deine Augen werden geöffnet, damit du die Lösung siehst und die heilsamen Verheißungen, die in seinem Wort stehen, auf dich anwendest. So wird der Feind keine Möglichkeit haben, dich zum Klagen und zum Unglauben zu verleiten, sondern stattdessen wirst du Glauben und Hoffnung und Mut im Herrn haben... Jede Spur von Bitterkeit wird mit der Liebe Jesu vermischt werden, und anstatt dich bitter zu beklagen, wirst du erkennen, dass die Liebe und Gnade Jesu so mit dem Schmerz vermengt sind, dass er in eine stille, geheiligte Freude verwandelt worden ist.

—— *Selected Messages Bd. 2 273-274*

Gottes Liebe für seine Kinder ist in der Zeit ihrer schwersten Prüfungen genauso stark und gütig wie in den Tagen ihres sonnigsten Glücks.

—— *The Great Controversy 621*

Diejenigen, die am Ende den Sieg davontragen, werden Zeiten größter Schwierigkeiten und Prüfungen in ihrem Glaubensleben durchzumachen haben. Doch sie dürfen ihr Vertrauen nicht wegwerfen, denn dies alles ist Teil ihrer Erziehung in der Schule Christi und ist unbedingt erforderlich, um alle Schlacken und Unreinigkeiten zu entfernen.

— *Messages to Young People 63*

Unser himmlischer Vater hat tausend Wege, für uns zu sorgen, von denen wir keine Ahnung haben. Wer sich den einen Grundsatz zu eigen macht, dem Dienst für Gott und seiner Ehre den ersten Platz einzuräumen, wird feststellen, dass die Schwierigkeiten schwinden und sich ein ebener Weg vor ihm auftut.

— *Desire of Ages 330*

Der Erlöser ist ständig bei den Seinen in all ihren Versuchungen und Prüfungen. Mit ihm kann es so etwas wie Misserfolg oder Verlust, Unmöglichkeit oder Niederlage nicht geben.

— *Desire of Ages 490*

Wir brauchen kein Tagebuch unserer Prüfungen und Schwierigkeiten, unserer Sorgen und Nöte zu führen. All diese Dinge sind in den himmlischen Büchern aufgezeichnet, und der Himmel wird sich darum kümmern.

—— *Ministry of Healing 487*

Der wunderbare Heiland wird Hilfe gerade dann senden, wenn wir sie brauchen. Der Weg zum Himmel ist durch seine Fußspuren geweiht. Jeder Dorn, der unsere Füße verwundet, hat auch seine verletzt. Jedes Kreuz, das wir tragen müssen, hat er schon vor uns getragen. Der Herr lässt Kämpfe zu, um die Seele auf den Frieden vorzubereiten.

—— *Colporteur Ministry 116*

Gott verfolgt ein Ziel, wenn er seinen Kindern Prüfungen schickt. Er führt sie nie anders als sie selber es wollten, wenn sie bereits von Anfang an das Ende und die Herrlichkeit des Ziels sehen könnten, das sie erreichen werden.

—— *Prophets and Kings 578*

Die Prüfung, die so bitter und hart erscheint, aber im Glauben angenommen wird, erweist sich als Segen. Der grausame Schlag, der die Freude hier auf Erden auslöscht, wird zum Mittel, um unsere Augen zum Himmel zu richten. Wie viele gibt es, die Jesus nie kennen gelernt hätten, wenn der Schmerz sie nicht zum Trost in ihm getrieben hätte!

—— *Thoughts From the Mount of Blessing 10*

Die Tatsache, dass wir Prüfungen durchzumachen haben, zeigt, dass der Herr Jesus uns als etwas Kostbares ansieht, das er weiter entwickeln möchte. Wenn er in uns nichts sehen würde, wodurch er seinen Namen verherrlichen kann, würde er keine Zeit darauf verwenden, uns zu veredeln. Er wirft keine wertlosen Steine in seinen Schmelzofen.

—— *Ministry of Healing 471*

KAPITEL 7

BIST DU EINSAM?

Gott steht zu jeder Verheißung, die er gegeben hat

>

Wir brauchen nie das Gefühl zu haben, wir seien allein. Engel sind unsere Begleiter. Der Tröster, den Jesus versprochen hat, in seinem Namen zu senden, ist bei uns. Auf dem Weg, der zur Stadt Gottes führt, gibt es keine Schwierigkeiten, die diejenigen, die ihm vertrauen, nicht überwinden könnten. Es gibt keine Gefahren, denen sie nicht entgehen könnten. Es gibt keine Not, keine Traurigkeit, keine menschliche Schwachheit, für die er nicht eine Lösung hätte. Er, der das Menschsein auf sich nahm, weiß mit den Leiden des Menschseins mitzufühlen. Christus kennt nicht nur jedes Herz und die ihm eigenen Nöte und Anfechtungen, sondern auch alle Umstände, die uns aufreiben und verwirren. In großer Einfühlsamkeit streckt sich seine Hand jedem leidenden Kind Gottes entgegen.

—— *The Ministry of Healing 249*

Gott wird nicht zulassen, dass einer seiner aufrichtigen Arbeiter allein gegen große Schwierigkeiten zu kämpfen hat und den Kampf verliert.

—— *The Ministry of Healing 488*

Denke nie, dass Jesus weit weg ist. Er ist dir immer nah. Seine liebevolle Gegenwart umgibt dich!

—— *The Ministry of Healing 85*

Überall und zu allen Zeiten, in allen Nöten und Anfechtungen, wenn die Aussichten schlecht und die Zukunft dunkel erscheinen und wir uns hilflos und allein fühlen, wird Gott den Tröster als Antwort auf das Gebet des Glaubens schicken. Umstände mögen uns von jedem irdischen Freund trennen, doch kein Umstand und keine Entfernung können uns vom himmlischen Tröster trennen. Wo immer wir auch sind, wo immer wir hingehen, er ist stets an unserer Seite, um uns zu helfen, zu stützen, beizustehen und zu ermutigen.

—— *The Desire of Ages 669-670*

Wir sind niemals allein. Er ist unser Begleiter, ob wir ihn uns ausgewählt haben oder nicht. Vergiss nie: Wo immer du bist, was immer du tust — Gott ist da.

—— *The Ministry of Healing 490*

Wer Christus auf diese Weise [durch die Natur] kennenlernt, dem wird die Welt niemals als einsamer trostloser Ort erscheinen, weil sie seines Vaters Haus ist und er darin gegenwärtig ist, so wie er einst bei den Menschen wohnte.

—— *Education 120*

Jesus kennt uns persönlich und hat Mitleid mit unserer Schwachheit. Er kennt uns alle mit Namen. Er kennt sogar das Haus, in dem wir wohnen, und den Namen jedes Bewohners. Manchmal hat er schon seinen Dienern Anweisung gegeben, in einer bestimmten Stadt in ein bestimmtes Haus in einer bestimmten Straße zu gehen, um eines seiner Schafe zu finden.

—— *The Desire of Ages 479*

Jeder Schritt in unserem Leben kann uns näher zu Jesus führen, uns eine tiefere Erfahrung seiner Liebe schenken und der herrlichen Heimat des Friedens näher bringen.

—— *Steps to Christ 125*

Nicht ein einziger Seufzer, nicht ein einziger Schmerz, nicht eine einzige Traurigkeit, deren Schluchzen nicht bis zum Herzen des Vaters dringt. ... Gott beugt sich von seinem Thron herab, um den Schrei des in Not Geratenen zu hören. Auf jedes aufrichtige Gebet antwortet er: „Hier bin ich." Er richtet den Bedrückten und Erniedrigten auf. Leiden wir, so leidet er mit uns. In jeder Versuchung und jeder Anfechtung ist der Engel seiner Gegenwart nahe, um uns zu befreien.

—— *The Desire of Ages 356*

KAPITEL 8

WENN DU VERSUCHT WIRST

Gott steht zu jeder Verheißung, die er gegeben hat

> Unser himmlischer Vater misst und wiegt jede Anfechtung, bevor er sie zu einem gläubigen Menschen kommen lässt. Er berücksichtigt die Umstände und die Stärke desjenigen, der die Prüfung Gottes durchzumachen hat, und er lässt niemals zu, dass eine Versuchung größer ist als die Fähigkeit, ihr zu widerstehen. Wenn das Herz besiegt und der Mensch überwunden wird, kann niemals Gott dafür verantwortlich gemacht werden, als habe er es versäumt, Kraft in Gnade zu geben, sondern der, der versucht wurde, war nicht wachsam im Gebet und hat nicht im Glauben die Kraft in Anspruch genommen, die Gott für ihn bereit hält. Christus hat noch nie einen gläubigen Menschen in der Stunde des Kampfes allein gelassen. Der Mensch muss die Verheißungen ernst nehmen und dem Feind im Namen des Herrn entgegentreten, und er wird nicht versagen.

— *Ellen G. White Manuscript 6, 1889*

In Christus hat Gott jedes Mittel versprochen, um jede Spur des Bösen auszulöschen und jeder Versuchung zu widerstehen, ganz gleich, wie stark sie sein mag.

— *The Ministry of Healing 65-66*

Jesus hat keine Eigenschaften offenbart und keine Kraft beansprucht, die der Mensch durch den Glauben an ihn nicht auch haben könnte. Sein vollkommenes Menschsein können alle seine Nachfolger haben, wenn sie sich so dem Willen Gottes unterstellen wie er es tat.

— *The Desire of Ages 664*

Nichts ist offenbar hilfloser und doch in Wirklichkeit unbesiegbarer als der Mensch, der sein Nichtssein fühlt und sich völlig auf die Verdienste seines Erlösers verlässt. Gott würde jeden Engel im Himmel schicken, um so jemand zu helfen, als zuzulassen, dass er eine Niederlage erleben muss.

— *Testimonies Bd. 7 17*

Wenn unser geistliches Auge geschärft werden könnte, dann würden wir Menschen sehen, die von Not und Traurigkeit bedrückt und belastet umher gehen. ... Wir würden Engel sehen, die diesen Angefochtenen schnell zu Hilfe eilen und die Heerscharen des Bösen zurückdrängen, die sie umgeben, und die ihre Füße wieder auf das sichere Fundament stellen.

—— *Prophets and Kings 176*

Diejenigen, die nicht ihre ständige Abhängigkeit von Gott erkennen, werden von der Versuchung überwunden werden. Wir sind jetzt vielleicht der Meinung, dass wir fest stehen und dass wir nie bewegt werden können. Wir sagen vielleicht mit Zuversicht: Ich weiß, an wen ich glaube... Doch Satan plant bereits, unsere vererbten und anerzogenen Charakterzüge auszunützen und uns blind zu machen für unsere eigenen Schwächen und Fehler. Nur wenn uns unsere eigene Schwachheit bewusst wird und wir ständig auf Jesus schauen, können wir sicher gehen.

—— *The Desire of Ages 382*

Die Gegenwart des Vaters umgab Christus, und nichts geschah mit ihm, was nicht unendliche Liebe zum Segen der Welt gestattet hatte. Hierin lag seine Quelle des Trostes, und sie ist es auch für uns. Wer mit dem Geist Christi erfüllt ist, bleibt in Christus. Der Schlag, der ihm gilt, trifft den Heiland, der ihn mit seiner Gegenwart umgibt. Was immer ihm auch geschieht, es kommt von Christus. Er braucht nicht dem Bösen zu widerstehen, denn Christus verteidigt ihn. Nichts und niemand kann ihn anrühren ohne die Erlaubnis unseres Herrn.

—— *Thoughts from the Mount of Blessing 71*

Christus wird niemals die im Stich lassen, für die er gestorben ist. Wir können ihn verlassen und in der Versuchung überwunden werden, aber Christus kann sich nie von denen abwenden, für die er den Preis seines eigenen Lebens bezahlt hat.

—— *Prophets and Kings 176*

KAPITEL 9

WENN DU GESÜNDIGT HAST

Gott steht zu jeder Verheißung, die er gegeben hat

>

Die Liebe Gottes sehnt sich immer noch nach dem, der sich entschieden hat, ohne ihn zu leben, und Gott setzt alles in Bewegung, um ihn so zu beeinflussen, dass er wieder ins Vaterhaus zurückkehrt... Wie eine goldene Kette legt sich die Gnade und Barmherzigkeit der göttlichen Liebe um jedes gefährdete Herz.

—— *Christ's Object Lessons 202*

Wir müssen uns immer vor Augen halten, dass wir alle irrende Sünder sind und dass Christus viel Mitleid für unsere Schwachheiten aufbringt und uns trotz unserer Abwege liebt.

—— *Testimonies Bd. 1 383*

Wir müssen oft wegen unserer Fehler und Schwächen zu den Füßen Jesu niederfallen und weinen, doch wir sollen nicht entmutigt sein. ... Gott lehnt uns nicht ab, er weist uns nicht zurück und er lässt uns nicht im Stich.

—— *Steps to Christ 64*

Durch Gebet, durch Studium seines Wortes, durch Glauben an seine bleibende Gegenwart können auch die schwächsten Menschen in Kontakt mit dem lebendigen Christus kommen, und er wird sie mit seiner Hand festhalten und nie mehr loslassen.

—— *The Ministry of Healing 182*

So lange wir nicht in die Sünde einwilligen, gibt es keine Macht, sei sie menschlich oder satanisch, die auch nur einen Flecken in unserem Herzen verursachen kann.

—— *Thoughts from the Mount of Blessing 32*

Wenn jemand täglich mit Gott Gemeinschaft hat und dann vom Weg abkommt und einen Moment lang nicht mehr fest auf Jesus schaut, ist das keine absichtliche Sünde. Denn wenn er seinen Fehler erkennt, kehrt er um und richtet seinen Blick wieder auf Jesus. Die Tatsache, dass er vom Weg abkam, macht ihn für Gott nicht weniger liebenswert.

—— *Review and Herald, May 12 1896*

Der einzige Schutz vor dem Bösen ist Christus, der durch den Glauben an seine Gerechtigkeit im Herzen wohnt. ... Wir können viele schlechte Gewohnheiten aufgeben, eine Zeit lang mögen wir uns von Satan trennen, doch ohne eine lebendige Verbindung mit Gott dadurch, dass wir uns ihm jeden Augenblick übergeben, werden wir besiegt werden. Ohne Jesus persönlich zu kennen und ohne die beständige Gemeinschaft mit ihm sind wir dem Feind ausgeliefert und werden am Ende seine Aufträge ausführen.

—— *The Desire of Ages 324*

Christus ist bereit, uns von der Sünde zu befreien, aber er zwingt unseren Willen nicht. Wenn unser Wille durch ständige Übertretung völlig zum Bösen neigt und wir nicht den Wunsch haben, befreit zu werden, wenn wir seine Gnade nicht annehmen, was kann er noch tun? Wir haben uns durch die entschlossene Ablehnung seiner Liebe selber vernichtet.

—— *Steps to Christ 34*

GOTT HAT VERSPROCHEN

Viele, die auf dem Weg des Lebens sind, halten sich zu viel bei ihren Fehlern und Enttäuschungen und ihrem Versagen auf, und ihre Herzen sind mit Traurigkeit und Entmutigung erfüllt. ... Es ist nicht klug, immer wieder die unangenehmen Erinnerungen an die Vergangenheit hervorzuholen, all die Sünden und Enttäuschungen, und über sie zu reden und traurig darüber zu sein, bis wir von Entmutigung überwältigt werden. Ein entmutigtes Herz wird mit Dunkelheit erfüllt und schließt das Licht Gottes aus seinem eigenen Herzen aus und wirft einen Schatten auf den Weg anderer.

—— *Steps to Christ 116-117*

Wenn wir in unserer Unwissenheit die falschen Schritte gehen, verlässt uns Christus nicht.

—— *Christ's Object Lessons 173*

KAPITEL 10

FÜHLST DU DICH AUSGESTOSSEN?

Gott steht zu jeder Verheißung, die er gegeben hat

>

Niemand ist so tief gefallen, niemand ist so böse, dass er nicht Befreiung in Christus erfahren kann. ... Kein Schrei von einem Herzen in Not, dem die Worte fehlen, wird ungehört bleiben. Diejenigen, die bereit sind, in den Bund mit dem Gott des Himmels einzutreten, werden nicht der Macht Satans oder der Schwäche ihrer eigenen Natur überlassen sein.

—— *The Desire of Ages 258-259*

Jeder Christ muss ständig auf der Hut sein und jeden Zugang zu seinem Herzen bewachen, durch den Satan hineinkommen könnte. Er muss um göttliche Hilfe bitten und gleichzeitig entschlossen jeder Neigung zur Sünde widerstehen.

—— *Testimonies Bd. 5 47*

Indem sie sündigen, trennen Menschen sich von Gott und berauben sich seines Segens. Das sichere Ergebnis ist Zerstörung und Tod.

—— *Selected Messages Bd. 1 235*

Höre nicht auf den Feind, wenn er meint, du müsstest von Jesus fernbleiben, bis du dich selber gebessert hast, bis du gut genug bist, um zu Gott zu kommen. Wenn du bis dahin wartest, wirst du nie kommen. Wenn Satan auf deine schmutzigen Kleider hinweist, dann wiederhole die Verheißung des Erlösers: „Wer zu mir kommt, den werde ich nicht hinaus stoßen." Joh. 6, 37.

—— *Prophets and Kings 320*

Die Beziehung zwischen Gott und einem Menschen ist so eindeutig und vollständig, als gäbe es auf der ganzen Erde niemand anderen, dem seine Sorge gilt, niemand anderen, für den er seinen geliebten Sohn dahingab.

—— *Steps to Christ 100*

Gott gibt uns nicht wegen unserer Sünden auf. Wir mögen Fehler machen und seinen Geist betrüben, doch wenn wir bereuen und mit demütigem Herzen zu ihm kommen, wird er uns nicht zurückweisen.

—— *Faith and Works 35*

FÜHLST DU DICH WIE EIN AUSGESTOSSENER?

Sein [des Erlösers] Herz voller göttlicher Liebe und Zuneigung öffnet sich dem am meisten, der am hoffnungslosesten in den Schlingen des Feindes verfangen ist.

—— *The Ministry of Healing 89-90*

So wie der Hirte seine Schafe liebt und nicht ruht, wenn auch nur eines fehlt, so liebt Gott in einem unendlich höheren Maß jede ausgestoßene Seele. Mancher mag das Werben seiner Liebe leugnen, von ihm weglaufen oder sogar einen anderen Herrn wählen, trotzdem gehört dieser Mensch Gott, und er sehnt sich danach, sein Eigentum wieder zu finden.

—— *Christ's Object Lessons 187*

Was immer auch deine vergangene Erfahrung gewesen sein mag, oder wie entmutigend auch deine gegenwärtigen Umstände sein mögen: Wenn du zu Jesus kommst, so wie du bist, schwach, hilflos und verzweifelt, dann wird der barmherzige Heiland dir bereits ein großes Stück entgegen kommen, wird dich in seine Arme schließen und dir das Kleid seiner Gerechtigkeit umlegen.

—— *Thoughts from the Mount of Blessing 9*

KAPITEL 11

WENN KRANKHEIT KOMMT

*Gott steht zu jeder Verheißung,
die er gegeben hat*

>

Das Gebet, das aus einem ehrlichen Herzen kommt und die einfachen Bedürfnisse des Herzens zum Ausdruck bringt, als würden wir einen irdischen Freund um einen Gefallen bitten und erwarten, dass unser Wunsch erfüllt wird — das ist das Gebet des Glaubens. Gott will nicht unsere routinierten Komplimente hören, sondern der unausgesprochene Schrei eines Herzens, das gebrochen und gedemütigt sich seiner Sünde und völligen Schwäche bewusst ist, findet seinen Weg zum Vater aller Barmherzigkeit.

—— *Thoughts from the Mount of Blessing 86-87*

Dieselbe Kraft, die Christus hatte, als er sichtbar unter den Menschen wohnte, ist in seinem Wort. Durch sein Wort heilte Jesus Krankheiten und trieb Dämonen aus. ... So ist es mit allen Verheißungen in Gottes Wort. Darin spricht er zu uns persönlich und so direkt, als wenn wir seine Stimme hören könnten. Durch diese Verheißungen vermittelt uns Christus seine Gnade und seine Kraft.

—— *The Ministry of Healing 122*

Oft vergessen diejenigen, die gesund sind, die wunderbaren Geschenke, die sie beständig Tag für Tag, Jahr für Jahr empfangen, und sie geben Gott nicht den Lobpreis für seinen Segen. Doch wenn sie dann krank werden, erinnern sie sich an Gott. Wenn menschliche Kraft versagt, spüren Menschen ihr Bedürfnis nach göttlicher Hilfe. Nie wendet sich unser barmherziger Gott dann von einem Menschen ab, der in aller Aufrichtigkeit ihn um Hilfe bittet. Er ist unsere Zuflucht in Gesundheit und in Krankheit.

—— *Testimonies Bd. 5 315*

Manchmal kommen die Antworten auf unsere Gebete sofort; manchmal müssen wir jedoch geduldig warten und ernsthaft weiter um das bitten und flehen, was wir brauchen. ... Es gibt kostbare Verheißungen in der Heiligen Schrift für die, die auf den Herrn warten. Wir alle wollen unsere Gebete sofort beantwortet haben, und wir sind versucht, enttäuscht zu sein, wenn unser Gebet nicht gleich beantwortet wird. ... Die Verzögerung ist von besonderem Nutzen für uns.

—— *Counsels on Health 380-381*

WENN KRANKHEIT KOMMT

Unser Herr hat uns durch den Apostel Jakobus klare Anweisung gegeben, was wir im Fall von Krankheit zu tun haben. Wenn die menschliche Hilfe versagt, dann wird Gott der Helfer seines Volkes sein. „Ist jemand unter euch krank, der rufe zu sich die Ältesten der Gemeinde, dass sie über ihm beten und ihn salben mit Öl in dem Namen des Herrn. Und das Gebet des Glaubens wird dem Kranken helfen, und der Herr wird ihn aufrichten."

—— *Counsels on Health 457*

Denjenigen, die darum bitten, dass für die Wiederherstellung ihrer Gesundheit gebetet wird, sollte klargemacht werden, dass die Übertretung des Gesetzes Gottes, im natürlichen wie im geistlichen Bereich, Sünde ist. Um seinen Segen zu empfangen, muss Sünde bekannt und gelassen werden.

—— *The Ministry of Healing 228*

Wenn du Zeit und Stimme findest zu beten, dann wird Gott auch Zeit und Stimme finden um zu antworten.

—— *My Life Today 16*

KAPITEL 12

WENN DER TOD KOMMT

*Gott steht zu jeder Verheißung,
die er gegeben hat*

>

Geh nur voran, als ob jedes Gebet, das du gesprochen hast, am Thron Gottes aufbewahrt ist und von dem beantwortet wurde, der seine Versprechen noch nie gebrochen hat. Geh weiter voran, singe und spiele Gott in deinem Herzen, auch wenn du von einem Gefühl der Belastung und der Traurigkeit niedergedrückt wirst... Das Licht wird kommen, Freude wird uns erfüllen, und der Nebel und die Wolken werden sich auflösen.

— *Selected Messages Bd. 2 242-243*

Fürchte dich nicht, auch wenn in den dunkelsten Tagen die Zukunft verschlossen scheint. Habe Glauben an Gott. Er kennt deine Not. Er hat alle Macht. Seine unendliche Liebe und Barmherzigkeit hören nie auf. Habe keine Sorge, dass er seine Versprechen nicht einhalten wird. Er ist ewige Wahrheit. Niemals wird er den Bund aufgeben, den er mit denen geschlossen hat, die ihn lieben, und er wird die richtigen Lösungen für ihre Probleme schenken.

— *Prophets and Kings 164-165*

Lass den Frieden Christi in deine Seele kommen. Sei treu in deinem Vertrauen, denn er steht treu zu seinen Versprechen. Lege deine schwache, zitternde Hand in seine starke Hand und lass ihn dich festhalten und stärken, dich aufmuntern und trösten.

— *Selected Messages Bd. 2 254*

Wir haben einen lebendigen, auferstandenen Erlöser. Der, der das Leben gibt, wird bald kommen. Er wird die Gefangenen hervorbringen und ausrufen: „Ich bin die Auferstehung und das Leben." Da steht die Menge der Auferstandenen. Ihr letzter Gedanke war an den Tod und seine Krallen, doch nun rufen sie: „Tod, wo ist dein Stachel? Grab, wo ist dein Sieg?" Hier stehen sie nun; die letzte Vollendung der Unsterblichkeit geschieht an ihnen, und sie gehen ihrem Herrn in der Luft entgegen. Die Tore der Stadt Gottes öffnen sich weit, und die Völker, die der Wahrheit treu gewesen sind, gehen hinein.

— *The SDA Bible Commentary Bd. 7 1093*

Sein Wort hat versprochen: Wenn du in jeder Not und jeder Sorge mit demütigem Herzen die göttliche Führung suchst, wird dir eine gnädige Antwort gegeben werden.

—— *Testimonies Bd. 5 427*

Viele meinen, dass sie sich an einen irdischen Freund wenden müssten, wenn sie in Not sind, um ihm ihre Sorgen zu sagen und ihn um Hilfe zu bitten. In Anfechtungen und in schwierigen Lebensumständen erfüllt der Unglaube ihr Herz und der Weg vor ihnen sieht dunkel aus, während die ganze Zeit schon der stärkste Seelsorger aller Zeiten direkt neben ihnen steht und sie einlädt, ihre Hoffnung auf ihn zu setzen. Jesus, der große Lastenträger, sagt: „Kommt her zu mir … ich will euch erquicken." Sollen wir uns von ihm ab- und unsicheren Menschen zuwenden, die doch von Gott genauso abhängig sind wie wir selbst?

—— *The Ministry of Healing 512*

Gott möchte nicht, dass wir durch dumpfen Schmerz mit wundem und zerbrochenem Herzen niedergedrückt bleiben. Er möchte, dass wir aufsehen und in sein liebevolles Gesicht schauen. Der gute Heiland steht vielen bei, deren Augen so von Tränen verschleiert sind, dass sie ihn nicht sehen können. Er sehnt sich danach, unsere Hand zu fassen, damit wir ihn in kindlichem Glauben ansehen und ihm erlauben, uns zu führen. Sein Herz fühlt unsere Trauer, unseren Schmerz und unsere Prüfungen, und er wird unsere Seele aus den alltäglichen Sorgen und Nöten in den inneren Frieden emporheben.

—— *Thoughts from the Mount of Blessing 12*

Diejenigen, die selber die größte Not erlitten haben, sind häufig auch die, die anderen den größten Trost spenden und Sonnenschein verbreiten, wo immer sie sind. Sie sind durch ihre Anfechtungen demütig und sanft geworden, und sie haben ihr Vertrauen in Gott nicht aufgegeben, als die Not sie traf, sondern haben sich noch mehr an seine schützende Liebe geklammert. Sie sind der lebendige Beweis für die zarte Sorgfalt Gottes, der die Dunkelheit so hell wie das Licht macht und uns zu unserem Besten erzieht.

—— *Selected Messages Bd. 2 274*

KAPITEL 13

BRAUCHST DU FÜHRUNG?

*Gott steht zu jeder Verheißung,
die er gegeben hat*

>

So lange wir unseren Willen Gott übergeben und seiner Kraft und Weisheit vertrauen, werden wir auf sicheren Wegen geführt werden, um die uns zugewiesene Aufgabe in seinem großen Plan zu erfüllen.

—— *The Desire of Ages 209*

Wer sich entscheidet, nichts in irgendeiner Hinsicht zu tun, was Gott missfällt, wird genau wissen, nachdem er seine Sache Gott vorlegt, welchen Weg er gehen soll. Und er wird nicht nur Kraft, sondern auch Weisheit erhalten.

—— *The Desire of Ages 668*

Wir haben nicht die Weisheit, um unser eigenes Leben zu planen. Es ist nicht unsere Sache, unsere Zukunft zu formen.... Wir sollten uns auf Gott verlassen, damit unser Leben die direkte Auswirkung seines Willens sein kann. Wenn wir unsere Wege ihm überlassen, wird er unsere Schritte lenken.

—— *The Ministry of Healing 478-479*

GOTT HAT VERSPROCHEN

In seiner liebevollen Sorge und Anteilnahme für uns weigert sich der, der uns besser versteht, als wir uns selber verstehen, zuzulassen, dass wir selbstsüchtig die Befriedigung unseres eigenen Ehrgeizes suchen. Er gestattet uns nicht, die schlichten aber heiligen Pflichten zu übersehen, die direkt vor uns liegen. Häufig sind es gerade diese Pflichten, die genau die Übung sind, die uns entscheidend auf eine höhere Aufgabe vorbereitet. Oft gelingen unsere Pläne nicht, so dass die Pläne, die Gott mit uns hat, zum Erfolg führen.

—— *The Ministry of Healing 473*

Wenn du den Herrn suchst und dich jeden Tag zu ihm bekehrst, wenn du aus eigenem geistlichem Antrieb frei und glücklich in Gott bist, wenn du im Herzen freudig dem gnädigen Ruf Gottes zustimmst und das Joch Christi auf dich nimmst — das Joch des Gehorsams und des Opfers — dann wird all dein Jammern aufhören, alle deine Schwierigkeiten werden weggenommen und alle Sorgen und Probleme, mit denen du konfrontiert bist, werden gelöst werden.

—— *Thoughts from the Mount of Blessing 101*

Wenn wir unser Leben seinem Dienst weihen, können wir nie in eine Situation kommen, für die Gott nicht bereits Vorkehrung getroffen hätte. Was immer auch unsere Situation sein mag, wir haben einen Führer, der uns auf unserem Weg führt. Was immer unsere Sorgen sein mögen, wir haben einen sicheren Ratgeber. Wie auch immer unsere Not, unsere Trauer, unsere Einsamkeit sein mögen, wir haben einen verständnisvollen Freund. Wenn wir in unserer Unwissenheit einen falschen Schritt gehen, verlässt uns Christus nicht. Seine Stimme ist klar und eindeutig vernehmbar, wenn er sagt: „Ich bin der Weg, die Wahrheit und das Leben."

—— *Christ's Object Lessons 173*

Wir müssen dem Plan Gottes für unser Leben besser folgen. Unser Bestes in den Aufgaben geben, die uns am nächsten liegen, unsere Vorhaben Gott übergeben und auf die Zeichen seiner Fürsorge achten — dies sind die Regeln, die eine sichere Führung in der Wahl eines Berufes sicher stellen.

—— *Education 267*

Wir sollen bei allem, was wir im Leben tun, Weisheit und Verstand an den Tag legen, damit wir nicht durch gedankenlose Aktionen uns selbst in Anfechtung bringen. Wir sollen uns nicht in Schwierigkeiten stürzen und die Mittel verachten, die Gott vorgesehen hat, und die Fähigkeiten missbrauchen, die er uns geschenkt hat. Wer für Christus arbeitet, muss seinen Anweisungen unbedingt folgen. Es ist Gottes Werk, und wenn wir anderen zum Segen sein wollen, dann müssen wir seinen Plänen folgen. Das Ich darf nicht zum Mittelpunkt werden, das Ich darf nicht die Ehre bekommen. Wenn wir nach unseren eigenen Ideen planen, wird der Herr uns unseren eigenen Fehlern überlassen. Doch wenn wir seinen Anweisungen folgen und dadurch zurechtgebracht werden, dann wird er uns erretten.

—— *The Desire of Ages 369*

Wenn wir uns dem weisen Meisterbildhauer anvertrauen, wird er das Lebensmuster und den Charakter so herausarbeiten, wie es seiner Herrlichkeit dient.

—— *The Desire of Ages 331*

Unsere schönsten Hoffnungen werden hier oft zunichte gemacht. Unsere Lieben werden durch den Tod von uns gerissen. ... Doch die Hoffnung trägt uns. Wir sind nicht für immer getrennt, sondern werden unsere Lieben, die in Jesus schlafen, wieder sehen. Sie werden aus dem Land des Feindes wieder zurückkehren. Der, der das Leben gibt, wird kommen. Zehntausende heiliger Engel begleiten ihn. Er zerreißt die Fesseln des Todes, zerbricht die Ketten des Grabes; die kostbaren Gefangenen kommen gesund und in ewiger Schönheit hervor.

—— *Selected Messages Bd. 2 259-260*

KAPITEL 14

BIST DU FALSCH BESCHULDIGT WORDEN?

Gott steht zu jeder Verheißung, die er gegeben hat

> ""

Während üble Nachrede dem eigenen Ruf schaden kann, beschmutzt sie dennoch nicht den Charakter. Dafür sorgt Gott. So lange wir nicht in die Sünde einwilligen, gibt es keine Macht, weder menschlich noch satanisch, die einen Menschen beflecken kann. Wer sein Herz fest bei Gott hält, bleibt derselbe in der Stunde der stärksten Anfechtungen und entmutigendsten Umstände wie auch im Wohlergehen, als das Licht und die Gunst Gottes auf ihm zu sein schien.

— *Thoughts from the Mount of Blessing 32*

So lange wir in dieser Welt leben, werden wir mit unguten Einflüssen leben müssen. Es wird Provokationen geben, um unsere Beherrschung zu testen, und indem man diesen mit dem richtigen Geist begegnet, werden die christlichen Tugenden entwickelt. Wenn Christus in uns lebt, werden wir geduldig, freundlich, nachsichtig und fröhlich bei allem Ärger und aller Irritation sein.

— *The Ministry of Healing 487*

Es steht denen, durch die Jesus aufgrund ihres Versagens und ihrer Fehler so viel zu tragen hat, nicht an, sich jemals über Verunglimpfungen und echte oder eingebildete Beleidigungen aufzuregen. Und doch gibt es solche, die ständig die Motive der anderen um sie herum hinterfragen. Sie sehen Beleidigungen und Verunglimpfungen, wo sie nie beabsichtigt waren. All dies ist das Werk Satans.

—— *Ellen G. White Manuscript 24, 1887*

Christus hat uns sein Leben als ein Vorbild gegeben, und wir entehren ihn, wenn wir uns über jede Verunglimpfung aufregen und jede Verletzung - wirkliche oder scheinbare - verabscheuen. Es zeugt nicht von einem edlen Geist, sich ständig selbst zu verteidigen, die eigene Würde zu bewahren. Wir sollten lieber hundert Mal unschuldig leiden als unser Herz mit einem Geist der Vergeltung zu vergiften oder indem wir dem Zorn Raum geben. Bei Gott gibt es Kraft. Er kann helfen. Er kann Gnade und himmlische Weisheit geben. Wenn du im Glauben bittest, wirst du empfangen, aber du musst im Gebet wachen.

—— *Testimonies Bd. 2 426-427*

BIST DU FALSCH BESCHULDIGT WORDEN?

Wir können davon ausgehen, dass man Falsches über uns erzählt, doch wenn wir einen geraden Weg gehen und diesen Dingen gleichgültig gegenüber sind, werden auch andere gleichgültig reagieren. Wir sollten Gott die Sorge um unseren Ruf überlassen. ... Üble Nachrede können wir nur durch unser Leben entkräften und nicht durch Worte der Entrüstung. Unsere große Sorge sollte sein, in der Furcht Gottes zu handeln und durch unseren Lebenswandel zu zeigen, dass diese Berichte über uns falsch sind. Niemand kann unserem Charakter so sehr schaden wie wir selbst.

—— *Ellen G. White Manuscript 24, 1887*

Wenn du schlecht behandelt oder falsch beschuldigt wirst, wiederhole für dich die kostbaren Verheißungen anstatt eine zornige Antwort zurückzugeben.

—— *The Ministry of Healing 486*

Schweigen ist der größte Tadel, den wir jemand geben können, der uns harte, unfreundliche Worte sagt. Sei vollkommen still. Schweigen ist oft Beredsamkeit.

—— *Child Guidance 551*

Der Herr ist in der Lage, jede Macht zunichte zu machen, die die Niederlage seiner Auserwählten herbeiführen möchte.

— *Prophets and Kings 487*

Lass nicht das unfreundliche Reden von Menschen dich verletzen. Redeten die Menschen nicht Unfreundliches über Jesus? Du hast vielleicht unrecht und kannst mitunter Anlass zu unfreundlichen Bemerkungen geben, aber nicht Jesus! Er war rein, fleckenlos, vollkommen... Ja, es mag sogar vorkommen, dass Gemeindeglieder in der Gemeinde, zu der du gehörst, Dinge sagen und tun, die dich traurig machen. Doch gehe direkt voran, ruhig und voller Frieden, stets auf Jesus vertrauend und eingedenk der Tatsache, dass du nicht dir selbst gehörst, sondern Christi Eigentum bist, erkauft mit dem Blut des geliebten Sohnes Gottes, und dass du in seinem Werk tätig und darum bemüht bist, anderen zum Segen zu sein.

— *Testimonies Bd. 8 129*

KAPITEL 15

WENN EIN FREUND DICH IM STICH LÄSST

*Gott steht zu jeder Verheißung,
die er gegeben hat*

WENN EIN FREUND DICH IM STICH LÄSST

> "

Gott wird dir näher und liebenswerter sein als irgendeiner deiner irdischen Verwandten es sein kann. Er wird dein Freund sein und dich niemals verlassen. ... Seine Freundschaft wird dir eine wunderbare innere Ruhe geben.

— *Testimonies Bd. 2 314*

In seiner Barmherzigkeit und Treue lässt Gott es oft zu, dass diejenigen, denen wir vertraut haben, uns im Stich lassen, damit wir erkennen, wie töricht es ist, unser Vertrauen in Menschen zu setzen . ...Wir sollten voll und ganz demütig und selbstlos Gott vertrauen.

— *The Ministry of Healing 486*

Von allen Gaben, die der Himmel Menschen anvertrauen kann, ist die Gemeinschaft mit Christus in seinen Leiden der stärkste Beweis des Vertrauens und die höchste Ehre.

— *The Ministry of Healing 478*

Es gibt heute viele lebende Märtyrer, die in aller Stille leiden und Gott vertrauen, wenn sie mit dem Wort misshandelt werden, wenn sie gereizt werden, wenn sie durch grobe, harte Verunglimpfungen verletzt werden. Ihr Schicksal scheint es zu sein zu leben und zu leiden. Der einzige Trost ist Jesus, der die Quelle ihrer Kraft ist. Solche Menschen sind Missionare. Sie sind die Edlen Christi, und das Lamm hat ihre Namen ins Buch des Lebens geschrieben.

—— *Ellen G. White Manuscript 9, 1868*

Bis zum Endgericht werden wir nie den Einfluss eines freundlichen, rücksichtsvollen Verhaltens auf die Inkonsequenz, die Unvernunft und das Unwürdige ermessen können. Wenn wir Undankbarkeit und Verrat heiligen Vertrauens begegnen, regen wir uns auf und wollen unserer Verachtung und Entrüstung Luft machen. Dies erwartet der Schuldige, er ist darauf vorbereitet. Doch freundliche Nachsicht überrascht ihn und weckt häufig in ihm die besseren Neigungen und eine Sehnsucht nach einem edleren Leben.

—— *The Ministry of Healing 495*

Von allen Verfolgungen ist Uneinigkeit zu Hause und die Entfremdung engster irdischer Freunde am schwersten zu ertragen. Doch Jesus sagt: „Wer Vater oder Mutter mehr liebt als mich, der ist meiner nicht wert."

—— *The Desire of Ages 357*

In einem Augenblick kann durch ein vorschnelles, leidenschaftliches und unvorsichtiges Wort so viel Böses angerichtet werden, dass ein ganzes Leben an Reue nicht ausreicht, um es wieder gut zu machen. Bedenken wir all die Herzen, die gebrochen, die Freunde, die entfremdet, und die Leben, die zerstört werden durch hartes und vorschnelles Reden derer, die Hilfe und Heilung hätten bringen können.

—— *Education 236-237*

Denke daran: Jesus weiß es alles — jede Sorge, jede Not — und er wird dich nicht versinken lassen, denn seine Arme sind direkt unter dir. Du kannst ein Zeugnis für eine ganze Nachbarschaft sein, wenn du wirklich geduldig, freundlich und nachsichtig bist.

—— *Ellen G. White Manuscript 9, 1868*

KAPITEL 16

HAST DU DEINEN GLAUBEN VERLOREN?

Gott steht zu jeder Verheißung, die er gegeben hat

>

Der Herr will, dass alle seine Söhne und Töchter glücklich, gehorsam und voll innerem Frieden sind. Diese Segnungen bekommt der gläubige Mensch dadurch, dass er sich im Glauben übt. Durch den Glauben kann jeder charakterliche Mangel, jede Verunreinigung beseitigt, jeder Fehler korrigiert und jede Tugend entwickelt werden.

—— *The Acts of the Apostles 564*

All dein Glück und dein Frieden, deine Freude und dein Erfolg in diesem Leben sind abhängig von echtem, vertrauenden Glauben an Gott.

—— *Messages to Young People 410*

Glaube ist die lebendige Kraft, die jede Schranke durchbricht, alle Hindernisse überwindet und seine Flagge im Zentrum des feindlichen Lagers aufrichtet. Gott wird großartige Dinge für die tun, die ihm vertrauen.

—— *Testimonies Bd. 4 163*

GOTT HAT VERSPROCHEN

Es ist der Glaube, der uns mit dem Himmel verbindet und uns die Kraft gibt, mit den Mächten der Finsternis fertig zu werden. In Christus hat Gott dafür gesorgt, dass jeder sündhafte Charakterzug bekämpft werden und jeder Versuchung, ganz gleich wie stark, widerstanden werden kann. Doch viele haben das Gefühl, dass sie nicht genug Glauben haben, und deshalb halten sie sich von Christus fern. Diese Menschen sollten sich in ihrer hilflosen Unwürdigkeit ganz auf die Barmherzigkeit ihres mitfühlenden Erlösers verlassen. Schaut nicht auf euch selbst, sondern auf Christus. Der die Kranken geheilt und die Dämonen ausgetrieben hat, als er unter uns Menschen war, ist derselbe mächtige Erlöser auch heute. Glauben kommt durch das Wort Gottes.

—— *The Desire of Ages 429*

Der Glaube sieht über die Schwierigkeiten hinweg und hält sich am Unsichtbaren, ja, am Allmächtigen, fest. Darum lässt sich der Glaube nicht einschüchtern. Glauben heißt, die Hand Christi in jeder Notlage zu ergreifen.

—— *Gospel Workers 262*

HAST DU DEINEN GLAUBEN VERLOREN?

Glauben heißt Gott vertrauen, glauben, dass er uns liebt und am besten weiß, was zu unserem Besten dient. Das veranlasst uns, seinen Weg und nicht unseren eigenen zu wählen. Anstelle unserer Unwissenheit nimmt der Glaube seine Weisheit an, anstelle unserer Schwachheit seine Kraft, anstelle unserer Sündhaftigkeit seine Gerechtigkeit.

— *Education 253*

Gott fordert uns niemals auf zu glauben, ohne uns eine ausreichende Grundlage dafür gegeben zu haben. Für seine Existenz, sein Wesen, und die Wahrhaftigkeit seines Wortes hat er genügend Beweise erbracht, die sich an unseren Verstand wenden. Solche Zeugnisse sind reichlich vorhanden. Doch damit hat Gott niemals die Möglichkeit des Zweifels ausgeschlossen. Unser Glaube muss auf Gewissheit gegründet sein und nicht auf wissenschaftliche Beweisführung. Wer zweifeln will, findet immer Gelegenheit dazu; wer aber die Wahrheit erkennen möchte, wird hinreichende Beweise entdecken, auf die er sich im Glauben stützen kann.

— *Steps to Christ 105*

Der Glaube desjenigen, der ständig wächst, wird nicht schwächer, denn rings um sich her und noch darüber hinaus erkennt er die unendliche Liebe, die alles so hinausführt, dass ihre gute Absicht erfüllt wird.

—— *Prophets and Kings 660*

Nichts fördert Glauben mehr als ihn zu üben.

—— *Prophets and Kings 351*

*Gott steht zu jeder Verheißung,
die er gegeben hat*